PROPAGANDE RÉPUBLICAINE

JULES GIRARD

LES

GRANDS TRAÎTRES

BOURBON
BIRON. — BOUILLÉ
BONAPARTE (Nᵒˢ I et III)

BAZAINE !

15 centimes

PRIX EXCEPTIONNEL POUR LA PROPAGANDE

DEUXIÈME ÉDITION

PARIS

Le Chevalier, Éditeur

61, RUE DE RICHELIEU, 61

1874

La propagande républicaine s'est proposée pour but de répandre, sous la forme commode de la brochure à bon marché, que l'on lit et conserve mieux qu'un journal, l'instruction républicaine parmi les masses non éclairées des campagnes. Ce moyen largement employé par nos adversaires et qui, qu'on ne se le dissimule point, leur réussit si bien, ainsi que nous l'ont appris les dernières élections de Charente, Nièvre et Calvados, doit-être employé par le parti républicain sous peine de déchéance. Nous faisons donc appel ici à toutes les convictions sincères, à tous ceux qui croient que ce n'est qu'en luttant sans cesse pour la vérité, que l'on peut arriver à la faire pénétrer dans les campagnes les plus reculées et dans les cerveaux les plus réfractaires.

Là ou nos ennemis cherchent à épaissir les ténèbres, il faut apporter la lumière.

Que le parti républicain veuille et demain il aura l'immense majorité du pays avec lui.

Cette propagande est facile à faire ; dix ou quinze républicains, réunis en groupe, peuvent, en apportant chacun leur obole, souscrire pour au moins cent exemplaires à notre publication, ou toute autre du même genre (1), et ces cent exemplaires bien distribués donneront avant peu des résultats surprenants.

Là ou on émeut si facilement avec le mensonge, le droit, la justice, doivent pousser des racines d'autant plus profondes : ceux qui se laissent apitoyer par des malheurs imaginaires ne peuvent être insensibles au récit des malheurs de la Patrie.

———

Voici le prix exceptionnel de cette brochure pour la propagande, rendue Franco dans toute la France :

100 Exemplaires. **9** fr.
200 — **17,50**
500 — **40,** »

Adresser les demandes à M. Jules Girard, 30, rue Lacornée, Bordeaux. — à Paris chez M. Le Chevalier, 61, rue de Richelieu.

(1) La SOCIÉTÉ D'INSTRUCTION RÉPUBLICAINE (en vente également chez M. A. Le Chevalier, à Paris) publie des brochures à 5 et 15 centimes avec prix réduits pour propagande.

LES GRANDS TRAITRES

BOURBON (Charles, duc et connétable de)

Né en 1489, de Gilbert, comte de Montpensier et de Claire de Gonzague ; nommé connétable et vice-roi du Milanais, en récompense de son courage aux batailles d'Agnadel et de Marignan (1515). N'ayant pas voulu céder aux obsessions de Louise de Savoie, la reine-Mère, celle-ci irritée de ses mépris, lui suscita un procès pour les domaines de Bourbon. Le connétable, encore imbu des idées féodales, voulut soutenir par les armes, et contre le roi, les droits qu'il croyait avoir sur ces propriétés et sans autre forme de procès. Ne pouvant enrôler ses vassaux sous sa bannière, ainsi que cela se faisait au moyen-âge, il résolut de mettre son épée au service des ennemis de la France et devint l'un des généraux de Charles-Quint. Le connétable de Bourbon fut le premier émigré de sa famille ; il prit la fuite le 7 septembre 1523. Comme général de l'armée de l'empereur Charles-Quint, il mit le siège devant Marseille (1524) et fut repoussé par la résistance héroïque des Provenceaux. Il contribua, par sa traitreuse valeur, au succès des batailles de Biagrasso et de Pavie où François 1er, vaincu et prisonnier, écrivait, le lendemain de sa défaite, à sa mère, ces quelques lignes restées célèbres et qui prouvaient au moins un cœur français : « *Ma mère, tout est perdu fors l'honneur.* » Pendant la captivité de François 1er, Bourbon passa en Espagne où le marquis de Villano refusa de le recevoir dans son palais.

« Sire, dit ce seigneur à Charles-Quint, je ne saurais rien refuser à votre majesté, mais si le duc loge dans ma maison, j'y mettrai le feu quand il en sortira. » nobles paroles qui prouvent qu'à cette époque encore la noblesse avait conservé quelque respect d'elle-même, et que les traîtres, à quelques pays qu'ils appartinssent, leur étaient odieux. Bourbon pressé par le besoin, les bandes qu'il commandait n'ayant pu recevoir depuis longtemps leur solde, leur offrit comme dédommagement le pillage de Rome et c'est à l'assaut de cette ville, qu'il fut frappé par un coup de feu qui mit fin à sa honteuse existence, le 6 mai 1527.

BIRON (Charles de Gontaut, duc de)

Né en 1562. Attaché à Henri IV dès l'avénement de ce prince, il devint son ami et son favori. En 1592, après la mort de son père, il fut élevé au titre d'amiral de France. En 1594, le titre de maréchal de France lui fut donné en échange de celui d'amiral qu'il rendit à Villars. En 1595, il fut nommé gouverneur de Bourgogne et après la reprise d'Amiens, il fut fait duc et pair. Mais Biron était prodigue, aimait les plaisirs ; Beauvais La Nocle, agent secret des Espagnols, le gagna. Il promit , dans une mission dont il fut chargé par Henri IV à Bruxelles, de se joindre aux rebelles que l'Espagne parviendrait à soulever en France. Il fit de plus en 1599, un traité formel avec le duc de Savoie contre Henri IV. Mais ces menées furent dévoilées et Biron qui avait fait des aveux, obtint son pardon et fut envoyé comme ambassadeur auprès d'Élisabeth. A son retour, des preuves non équivoques d'une nouvelle trahison ayant été découvertes, Biron fut arrêté, conduit à la Bastille, jugé et condamné à être décapité. Cette sentence fut exécutée dans l'intérieur de la Bastille le 31 Juillet 1602. Biron était d'un caractère bouillant, d'une activité effrénée, brillant à la cour et sur le champ de bataille, magnifique, sans aucun principe de morale, quoique religieux ; vain, léger, opiniâtre et présomptueux, tel est d'ailleurs le caractère de tous les ambitieux et de tous les traîtres.

BOUILLÉ (François-Claude-Amon, mis de)

Né en Auvergne, le 19 Novembre 1739, mort le 14 Novembre 1800. Capitaine à dix-sept ans, combattit le 22 Mars 1761, à la tête de l'avant-garde, à Grumberg, en Allemagne, et contribua au succès de cette journée. Accueilli à la cour en triomphateur, il reçut de Loüis XV le brevet de colonel. Il se distingua encore en diverses circonstances pendant la guerre de sept ans, y fut blessé plusieurs fois et fait prisonnier. Nommé, en 1768, gouverneur de la Guadeloupe et en 1777, gouverneur général des îles du Vent. Elevé au grade de lieutenant-général, il reçut en même temps le collier des ordres du roi, puis on lui donna le commandement des trois Évêchés et des provinces d'Alsace et de Franche-Comté. En 1789, des contestations s'étant élevées entre lui et la municipalité de Metz qui l'accusait, non sans raison, d'exciter le désordre entre les troupes sous son commandement et la garde nationale, il manifesta l'intention de quitter la France et renonça à ce projet sur les instances du roi. En 1790, il prêta serment à la Constitution, et le 31 Août de cette même année, il comprima l'insurrection de la garnison de Nancy à laquelle s'étaient joints les habitants de la ville.

Confident du roi, lors de la tentative de fuite de ce prince et de sa famille, en 1791, le marquis de Bouillé fit tout pour l'accomplissement de ce projet : il avait échelonné ses troupes de Châlons à Montmédy, et préparé dans cette dernière ville une retraite pour la famille royale. L'insuccès de cette entreprise le détermina à quitter la France. Ce fut alors que le marquis de Bouillé écrivit à l'assemblée nationale une lettre menaçante dans laquelle il déclarait que si

l'on touchait à un cheveu de Louis XVI, il
ne laisserait pas pierre sur sur pierre dans
Paris : menace insensée qui ne pouvait
avoir d'autre résultat que d'aggraver la si-
tuation du roi et de sa famille. La lettre de
Bouillé excita la plus vive indignation en
France : Rouget de Lisle, dans sa sublime
Marseillaise, a rendu immortel le souvenir
de cette trahison par ces vers énergiques
que le peuple chantera encore alors que la
mémoire des plus odieux tyrans sera
effacée !

> ... Les complices de Bouillé,
> Tous ces tigres qui sans pitié
> Déchirent le sein de leur mère.

Bouillé se rendit en Russie, obtint de
l'impératrice Catherine II, la promesse de
joindre 36,000 hommes à l'armée du roi de
Suède qui, encouragé par les souverains de
l'Allemagne, se disposait à marcher contre
la France ; mais l'assassinat du roi de Suède
Gustave III, ayant fait évanouir ces projets,
le marquis de Bouillé se rendit à l'armée
des émigrés commandée par le prince de
Condé, puis se retira à Londres où il mou-
rut, le 14 Novembrs 1800 honni et méprisé
par tous les vrais patriotes, quel que soit le
pays qui les ait vu naître.

BONAPARTE (Nos. I et III.)

Ce corse, nommé général en chef des ar-
mées de la République Française, et non
satisfait de ce titre que le courage de nos

braves soldats républicains lui avait acquis, trahit le gouvernement qui l'avait élevé à ces hautes dignités en dispersant, le 18 Brumaire, la représentation nationale de laquelle il tenait ses pouvoirs et mitraillant le peuple qui essayait de défendre le droit et la loi.

Plus intelligent que ses prédécesseurs Bourbon, Biron et Bouillé qui ne trouvèrent, au bout de leur lâche trahison, que la mort ou l'infamie, Bonaparte comprit de suite qu'il ferait une fausse démarche en se vendant à l'étranger pour lutter contre les héros dont il avait pu apprécier le courage sur les divers champs de bataille où ils avaient eu à combattre l'absolutisme. Dans cette alternative, et étant donné ses instincts, il ne lui restait qu'un moyen pour trahir les intérêts du pays et satisfaire son abjecte ambition : suborner ses soldats et profiter d'un moment d'enthousiasme irréfléchi de leur part, pour s'emparer audacieusement du pouvoir suprême. Bonaparte n'hésita pas, le droit fut foulé aux pieds par la force inconsciente ! et de simple officier, Bonaparte devint empereur et roi !

Il eut une cour, des chambellans, les flatteurs ne manquèrent point ; cette espèce là, comme les vers, surgit et fourmille partout où il y a de la pourriture !

L'armée qui aurait pu avoir des remords pour le crime commis contre la chose publique, fut occupée pendant 14 ans à guerroyer de l'Est à l'Ouest, du Sud au Nord.

Il fallait bien étouffer en elle le sentiment de la Justice ; mais par contre l'on détruisit tous les ressorts du patriotisme. L'hécatombe de 1812 (Moscou) fut le commencement de la fin ; puis vinrent les campagnes de 1813 (Leipzig), 1814 et 1815 : deux invasions ! et le couronnement de l'œuvre, — car les Bonaparte tiennent tous à couronner leur œuvre, — WATERLOO ?

La République Française, à l'époque où Bonaparte n'était que simple général, avait rallié autour d'elle cent-dix départements. L'Empire, après sa chute à Waterloo, nous laissait avec nos rois de droit divin et la France amoindrie de 21 départements ! (1)

L'abus de la force nous rendait victimes des représailles de cette même force.

Telle est la morale de l'histoire.

Les traîtres qui réussissent à s'élever peuvent, pendant quelque temps, faire illusion aux historiens à vue courte, disons mieux aux faiseurs de légendes ; mais la postérité est là pour juger avec la rigueur quelles méritent les œuvres de ces traîtres heureux auxquels on a donné le nom de césars !

Quelques lignes sur le Bonaparte N· III suffiront pour compléter notre démonstration, ce dernier étant la conséquence du premier, et la génération actuelle ayant pu juger elle-même, par le commencement et

(1) *Les Napoléons et les Frontières de la France*, par M. Henri Martin. Une brochure avec carte (5 cent.) de la Société d'Instruction Républicaine

la triste fin de cet aventurier, du degré d'abjection dans lequel peuvent tomber des individus de cette sorte.

Parjure et assassin, ce misérable put s'élever au-dessus de la loi qui devait le frapper, en foulant aux pieds ses serments et faisant tuer, fusiller et déporter tous ceux qui avaient tenté de s'opposer à ses abominables desseins. Pendant vingt ans il tînt la France sous son genoux, étouffant ainsi toute aspiration généreuse et corrompant, par l'exemple de débauches sans nom, la génération qui s'élevait et grandissait sous sa direction. La pensée devenue suspecte était poursuivie, traquée par une quantité innombrable de mouchards; mais par contre, les filles de joie ne virent jamais un plus beau règne et les viveurs purent se vautrer dans des orgies de toutes sortes ; Mme Bonaparte exhibait à ses invités de Compiègne, dans certains tableaux vivants, les formes les plus variées et les plus intimes.

On en était là, quand cette tourbe d'idiots et de ramolis enivrés par les libations de la veille et l'infatuation la plus grotesque, le cœur léger, la cervelle vide, se mit en marche pour guerroyer contre la Prusse, entraînant à leur suite, pour le précipiter dans l'abîme, l'élément le plus vivace et le plus généreux de notre nation.

On sait ce qu'il advînt. Les défaites succédèrent aux défaites ; l'imprévoyance fut doublée par l'incapacité ; l'ennemi pénétra sur notre sol, et l'empire, acculé dans l'entonnoir de Sédan, se rendit à discrétion en sacrifiant l'honneur du pays, de notre armée, espérant, comme par le passé, que la grandeur de son infâmie lui permettrait de resaisir le pouvoir qui était le seul objet de ses convoitises. Jamais trahison, n'avait amené une chute aussi formidable, le lâche assassin de Décembre venait de combler la mesure de ses forfaits! Quatre-vingt mille hommes et notre matériel de guerre livrés traîtreusement à l'ennemi, tel fut le couronnement de l'édifice impérial.

Paysans de la Charente, de la Nièvre et du Calvados, vous qui votez encore pour ce principe funeste qui nous a valu l'invasion et le démembrement de la France, savez-vous ce que vous faites ? avez-vous encore votre sens moral et les mots de patrie et d'honneur n'auraient-ils plus pour vous aucune signification ? Oubliez-vous que la dernière guerre nous a arraché trois autres départements et que nos frères d'Alsace et Lorraine pleurent tous les jours la mère patrie ? Cela ne peut être ; vos erreurs sont les produits de l'ignorance et des excitations malsaines auxquelles vous êtes en butte de la part des gens tarés que l'effrondement de l'empire a jetés sur le pavé et qui, à tout prix, veulent ressaisir un pouvoir dont l'édification vous remplirait de honte et de remords.

Lisez, éclairez-vous et ne recommencez

pas la lourde faute que vous avez commise en 1870, lors du trop fameux plébiciste, si vous tenez à votre sol, à votre patrie, à votre honneur.

BAZAINE !

Voici celui qui fut chargé d'exécuter ce que les bonapartistes fervents ont appelé : « *la plus grande pensée du règne de Napoléon III*» et ce qui ne fut en réalité qu'une terrible mystification dont les résultats amenèrent la perte de notre matériel de guerre, de notre sang et de notre or. Les souscripteurs à l'emprunt mexicain doivent en savoir quelque chose ! Un tel individu était bien digne de remplir une telle tâche, aussi s'en acquitta-t-il consciencieusement et sut-il édifier, dans cette funeste campagne du Mexique, une fortune scandaleuse qui prenait sa source dans nos ruines !

Un tel passé devait nous faire prévoir ce qui arriverait et le traître Bonaparte en confiant le commandement de notre armée du Rhin au traître Bazaine savait bien ce qu'il faisait : à traître, traître et demi !

Quand cette nomination de Bazaine fut connue par les soldats qui avaient servi sous ses ordres dans la désastreuse campagne du Mexique, on les entendit s'écrier : « Si Bazaine est nommé, nous sommes perdus ?»

Paroles prophétiques qui ne devaient que trop tôt se vérifier.

Quelques détails biographiques sur cet homme funeste trouvent ici naturellement leur place :

BAZAINE (François Achille) né le 13 Février 1811, s'engagea en 1831, et passa en Afrique en 1832 ; quatre ans après il était nommé lieutenant et décoré sur le champ de bataille. En 1837, détaché à la légion étrangère, il suivit ce corps en Espagne et fit deux campagnes contre les bandes carlistes, revint en Algérie avec le grade de capitaine (1839) et fit plusieurs autres expéditions en Algérie.

—. Lieutenant-colonel en 1848, en 1850 à la tête du 1er régiment de la légion étrangère qu'il commanda en Orient (1854).

Général de division en 1855. En Juillet 1862, fut placé à la tête de la 1re division d'infanterie du corps expéditionnaire qui était au Mexique. Il quitta la Vera-Cruz, au commencement de décembre de la même année, pour prendre le commandement de Jalapa. Au mois d'Octobre de l'année suivante il succéda au général Forey comme général en chef de l'expédition ; Bonaparte avait flairé son homme.

Le 12 Juillet 1863 il entre à Mexico, organise une contre guerilla pour poursuivre et harceler Juarez, président, à cette époque, de la république mexicaine et qui défendait pied à pied le sol de sa patrie. L'année suivante Juarez se retire aux extrêmes frontières où il ne cesse d'organiser la défense nationale. Nous ne parlerons pas des excès commis sur la population même inoffensive de ce pays par les ordres de Bazaine, notre cadre ne nous permet pas une telle analyse et ces récits ayant été faits d'une façon complète par des témoins de ces scènes de sauvageries qui les ont flétries comme elles le méritaient. Le 8 Février, il s'empara de la ville forte d'Oajaca. Quelques temps après il renonçait à la conquête, devant l'impossibilité matérielle de la maintenir et quitte la Vera-Cruz le 12 Mars 1867. Le tour était joué ; Morny avait ses millions, la France ses soldats et son matériel de guerre perdus. Pour payer de tels services Bonaparte l'éleva à la dignité de maréchal, par un décret en date du 5 septembre 1864 ; le 12 novembre suivant, il fût nommé au commandement du 3me corps d'armée dont le siège était à Nancy et le 15 Novembre 1869, commandant en chef de la garde impériale. Le 16 Août 1856, il avait été nommé commandeur de la légion-d'honneur et grand'croix, le 2 Juillet 1863.

En 1870, lors de nos premiers désastres, Bazaine fut nommé général en chef de l'armée du Rhin.

Aucun Français n'ignore aujoud'hui, comment et de quelle façon, il s'acquitta de ce commandement qui remettait le sort de la patrie entre ses mains.

Après avoir fatigué nos soldats dans diverses rencontres avec les Prussiens qui, malgré tout furent vaincus à Borny et à Gravelotte, par le courage héroïque de notre valeureuse armée, Bazaine se retira dans Metz pour y attendre les propositions de

l'ennemi. Ces propositions ne se firent
point attendre longtemps et eurent pour
résultat la reddition de Metz, la livraison
de nos drapeaux et de notre matériel de
guerre et la captivité d'une armée de cent-
soixante mille hommes, qui ne demandaient
tous qu'à se battre et qui furent emmenés,
comme un troupeau, prisonniers en Prusse.

Le misérable Bazaine, venait de surpasser
tout ce que l'histoire nous apprend sur les
grands traîtres; suivant, il est vrai, en cela,
l'exemple que le IIIe Bonaparte lui avait
donné à Sédan.

Les désastres de la patrie étaient à leur
comble; qui ne se souvient à cette époque
de la magnifique proclamation de Gambetta
annonçant au pays cette infâme trahison;
qui n'a été ému par les accents de ce patriotisme si sincère et si élevé?

Nous pouvons dire hardiment qu'à ce
moment là, tous les honnêtes gens, à quelque classe qu'ils appartinssent, avaient en
horreur le bonapartisme et tout ce qui pouvait y ressembler de près ou de loin; la
France était alors unanime pour maudire
ce ramassis de gredins qui l'avaient exploi-
tée pendant près de vingt ans. Et cepen-
dant nous revoyons actuellement certaines
populations dévoyées et oublieuses revenir,
comme certains animaux, à leur vomis-
sement.

Étrange époque! Bizarre aveuglement!
Voici d'ailleurs comment les Allemands
eux-mêmes apprécient aujourd'hui les con-

séquences de cette trahison, conséquences que que le sentiment public et les juges en France avaient déjà déduites.

Dans un livre intitulé : *Les Prussiens devant Paris, d'après des documents allemands*, par M. Neukmann, nous trouvons les lignes suivantes sur la chute de Metz :

« Sans cette capitulation, pourquoi ne l'avouerions-nous pas aujourd'hui ? — c'est le correspondant de la *Gazette de Cologne* qui parle— *nous aurions été forcés de lever le siége de Paris*. Alors l'armée de la Loire se serait jointe aux soldats, aux mobiles et aux francs-tireurs de la capitale, on aurait envoyé des renforts considérables à l'armée du Nord, et nous aurions dû, nous, aller prendre nos positions en arrière de Meaux. »

La guerre terminée, Bazaine revenait en France y promener sa morgue insolente et insulter par sa présence à nos malheurs. L'opinion publique indignée et révoltée, força le gouvernement à s'occuper de ce traître qui fut arrêté et mis en accusation. A la suite des longs débats que tout le monde put lire, le Conseil de guerre rendit l'arrêt suivant :

« Cejourd'hui 10 décembre 1873, le premier Conseil de guerre de la première division militaire, siégeant au Trianon et délibérant à huis-clos, le président a posé les questions suivantes :

» 1. — Le maréchal Bazaine est-il coupable d'avoir signé, le 28 octobre1870, à la tête d'une armée en rase campagne, une capitulation?

» 2. — Cette capitulation a-t-elle eu pour résultat de faire poser les armes à cette armée?

» 3. — Le maréchal a-t-il traité verbalement ou autrement avec l'ennemi ?

» 4.—Le maréchal Bazaine est-il coupable de n'avoir pas fait, avant d'avoir signé ladite capitulation, tout ce que lui prescrivaient le devoir et l'honneur ? »

Les voix, recueillies séparément, en commençant par le grade inférieur, le président ayant émis son opinion le dernier, le Conseil déclare :

» Sur la première question : Oui à l'unanimité.

» Sur la deuxième question : Oui à l'unanimité.

» Sur la troisième question : Oui à l'unanimité.

» Sur la quatrième question : Oui à l'unanimité.

» Sur quoi, et attendu les conclusions prises par le commissaire du gouvernement dans ses réquisitions, le président a lu le texte de la loi et a recueilli de nouveau les voix dans la forme indiquée ci-dessus pour l'application de la peine ;

» En conséquence, le Conseil, en vertu des articles 209 et 210 du Code militaire,

» Condamne, à l'unanimité,

» Le nommé François-Achille Bazaine à la peine de mort et à la dégradation militaire

» Déclare, en outre, qu'il cesse de faire partie de l'ordre de la Légion-d'Honneur, et d'avoir le droit de porter la médaille militaire ;

» Le condamne aux frais et dépens envers l'État ;

» Ordonne que lecture soit faite immédiatement devant la garde assemblée de la teneur de ce jugement au condamné, qui aura vingt-quatre heures pour se pourvoir en révision. »

On sait qu'à la suite de cette retentissante condamnation, le maréchal Mac-Mahon, président de la République, commua la peine de mort prononcée contre Bazaine, en vingt années de détention, le dispensant des formalités de la dégradation militaire, mais non de ses effets.

Le maréchal gracié, il ne restait plus que le criminel qui fut conduit, avec de grands ménagements, à l'île Sainte-Marguerite, lieu désigné pour son internement. Mais le gouvernement avait compté sans les bonapartistes qui, terrifiés par l'arrêt du tribunal militaire, n'osèrent cette fois protester et parurent s'incliner sous le coup qui frappait le misérable dans lequel ils avaient placé toutes leurs espérances ; la condescendance dont le condamné fut l'objet, leur rendit toute leur audace, si bien, qu'au bout de quelques mois, Bazaine s'évadait, aidé non pas par sa femme, ainsi que le prouve aisément l'espèce de roman avec lequel tous deux ont voulu donner le change à la justice et à l'opinion publique, mais par ses dignes acolytes dont l'influence avait été grandissante jusqu'à ce moment, grâce à la déplorable politique suivie par M. de Broglie, pendant tout le tout le temps qu'ont duré son ministère et sa funeste influence. Les bonapartistes n'ignorent pas que, pour arriver au pouvoir, ils ont besoin d'avoir à leur service, un homme d'épée, de sac et de corde, un Saint-Arnaud quelconque et que seuls, ces gens qui ont tout perdu : principes et honneur, sont capables de tout risquer. On ne fait pas un coup de main sans épée ; on ne fusille pas sans fusils !

Désespérant de trouver dans notre armée, qui se régénère en se consacrant entièrement à la France, l'homme dont ils ont besoin pour faire leur coup, ils ont dû se rejeter sur celui que cette même armée a chassé honteusement de ses rangs pour avoir voulu servir le bonapartisme au détriment de sa patrie, notre chère France !

On connaît de reste actuellement le premier usage que Bazaine a fait de sa liberté. Ses premières visites ont été d'abord pour ceux auxquels il avait livré son armée, ensuite pour l'ex-impératrice et son rejeton. Le cynisme de ce misérable sans honneur ni conscience, se découvre ici dans toute sa hideur, et nous espérons bien cette fois que nos honnêtes populations des campagnes comprendront quelle honte rejaillirait sur eux en ne repoussant pas énergiquement les hommes qui, de près ou de loin, appartiennent à un parti auquel nous ne devons, jusqu'à ce jour, que d'immenses désastres et dont le bras droit s'appelle : BAZAINE.

Un dernier trait suffira pour indiquer la valeur morale des Bonaparte et des Bazaine en question ; ce trait nous est fourni par la justice chargée de poursuivre les complices de l'évasion Bazaine et qui vient de découvrir que l'un des principaux agents présumés (1) de cette évasion, n'est autre qu'un certain capitaine Doineau, condamné à mort par la Cour d'assises d'Oran, pour le fait suivant :

Le 12 novembre 1856, à trois heures du matin, une diligence attelée de huit chevaux, sortant de Tlemcen pour se rendre à Oran, avait été attaquée. Les voyageurs, au nombre desquels se trouvaient un chef arabe, ami de la France, et son interprète, un négociant, un médecin et une dame, avaient été, les uns tués, les autres cruellement blessés.

L'instruction ouverte sur ce crime, qui causa une extrême émotion en Algérie, prouva que le « capitaine Doineau » assistait à l'attaque de la diligence, que, caché sous un double burnous, il n'avait pas frappé lui-même, mais qu'il avait excité, encouragé et dirigé les assassins et, en réalité, commandé le massacre. Pénétrant plus avant dans les motifs qui avaient inspiré M. Doi-

(1) Le tribunal correctionnel de Grasse vient de condamner pour ce fait, le capitaine Doineau, le récidiviste, à deux mois de prison.

neau, l'instruction arriva à une découverte qui ajoutait à la gravité des premières révélations. On trouva, dans une perquisition, deux paquets cachetés, adressés par le capitaine Doineau à un de ses parents, et qui renfermait une somme de 38,300 francs.

Il fut établi que ces sommes étaient venues en la possession de M. Doineau, par suite des actes les plus honteux de concussion et de la pire dilapidation des deniers de l'Etat.

Voleur et assassin : tel était l'individu en question ; mais, sous l'empire, de telles choses étaient considérées comme peccadilles, surtout quand elles étaient commises par de fervents serviteurs. La susdite peine de mort fut commuée par Bonaparte en travaux forcés à perpétuité et, peu après, en une grâce complète.

Il fallait donc la fatalité des événements pour prouver aux moins clairvoyants que Bonaparte, Bazaine et Doineau n'étaient que les chaînons d'une même chaîne, les agrégats réunis par le même principe : le **Banditisme !**

FIN

Bordeaux. — Imp. A. ARNAUD, rue des Facultés, 30